amicoさんのかわいい手袋が大集合！

もっと楽しい！

保育で大活躍！

手袋シアター

amico 著

ナツメ社

はじめに

また皆様と出会えて嬉しいです♪
この本を手にとってくださった皆様とのご縁に心から感謝します。

『園の職員、誰もが使えるようウォールポケットに入れて楽しんでいます！』
『子どもたちが集中して見てくれるので、保育に自信がもてました！』
『おさんぽ先まで持って行くなど、戸外保育にも大活躍です！』
『作るのが楽しくて！ほとんどの作品を作りました！』
などなど、保育に携わる先生方や子どもたちが喜んでくださっているのが伝わる、温かくて嬉しいお声をたくさんたくさんいただきました。
おかげさまで第2弾として、前回登場できなかった作品や、新作を含む計25作品を1冊の本にしていただくことになりました。

手袋シアターの本ではありますが、紙や布を使ったパネルシアターやペープサートといった楽しみ方として、型紙や演じ方を参考に使いやすいように、演じやすいようにアレンジして活用していただければ嬉しいです。

子どもたちや先生の笑顔がもっと輝くお手伝いができますように☆
そんな想いを込めて作らせていただいた本書もどうぞお楽しみください!!

amicoの手袋シアター　amico

おさらい

手袋シアターを楽しみましょう！

カラフルな手袋の舞台と、かわいい人形アイテムたちで織り成す手袋シアター。
小さな舞台から大きな想像力が生まれる魅力満載の世界を楽しんでくださいね。

Q 手袋シアターって何だろう？

A うたやおはなしに合わせて楽しむ、カラフルな手袋と人形アイテムたち

カラー手袋を舞台に、手あそび、うた、おはなしに合わせてアイテムを動かしながら演じて楽しみます。「これは何かな？」「この次は何をするのかな？」など言葉かけを行いながら演じることで、子どもたちの興味や関心、集中が高まります。

行事に合わせて

季節の行事やイベントに合わせて楽しむことができます。行事を意識するきっかけや、イベントを盛り上げるのにも一役買います。

これは何かな？

保育シーンに合わせて

視覚的にわかりやすいものなので、保育活動の導入や、保育活動自体の教材としても活用することができます。

今日の天気はどうかな？

---

amicoさんのもとに届いた〝こんな楽しみ方や活用をしています！〟の声

手軽に持ち運びができるので、おさんぽ先にも持って行き、楽しんでいます！

集中して静かに楽しんでくれるので、ざわざわする朝のおあつまりのときに大活躍です！

演じ方見本の載った本を見て、絵本のように話の流れを追って楽しんでいました！

もくじ

- はじめに……2
- 手袋シアターを楽しみましょう！……3
- 本書の特長と使い方……6

Part 1　行事を楽しむ

せんせいと
お友だち　……8　型紙 p.114
低年齢児にもオススメ！

こいのぼり　……12　型紙 p.115
低年齢児にもオススメ！

おかあさん　……16　型紙 p.115

バナナのおやこ　……20　型紙 p.116
低年齢児にもオススメ！

うさぎのお月見　……24　型紙 p.117
低年齢児にもオススメ！

ハロウィンおばけ
ポーズあそび　……28　型紙 p.118

赤鼻のトナカイ　……32　型紙 p.120

お正月　……36　型紙 p.121

きみのなかのおに　……40　型紙 p.122

うれしい
ひなまつり　……44　型紙 p.123

手袋シアターを楽しむために
コラム 演じ方・楽しみ方ポイント……48

Part 2　うたのせかいを楽しむ

おはながわらった　……50　型紙 p.125
低年齢児にもオススメ！

かわいい
かくれんぼ　……54　型紙 p.125
低年齢児にもオススメ！

ふしぎなポケット　……58　型紙 p.126
低年齢児にもオススメ！

ミックスジュース……62 型紙 p.128

 ぞうさんと くものす……66 型紙 p.129

 犬のおまわりさん……70 型紙 p.130
低年齢児にもオススメ！

 山の音楽家……74 型紙 p.132

 ドレミのうた……78 型紙 p.133

 いとまき……82 型紙 p.134
低年齢児にもオススメ！

 今日の天気はなんだろう？……90 型紙 p.137

 赤い鳥 小鳥……94 型紙 p.138

 のねずみ……98 型紙 p.139
低年齢児にもオススメ！

 世界中のこどもたちが……102 型紙 p.140

 フワフワ言葉とチクチク言葉……106 型紙 p.141

Part 3 園生活を楽しむ

 お花にタッチ……86 型紙 p.136
低年齢児にもオススメ！

手袋シアターの作り方

- 主な材料・道具……110
- きほんの作り方……111
- きほんの縫い方……112

- 伴奏コード……113
- 型紙……114
- おわりに……143

本書の特長と使い方

1 演じ方見本を写真つきで掲載

どんな言葉をかけるか、どのタイミングでフェルトアイテムを出すか、など演じ方見本を写真とともにわかりやすく紹介！

スタンバイの見本と演じ始めるときの導入の言葉かけの例です。

演じる時間のめやすです。

0〜2歳児も楽しめる作品に「低年齢児にもオススメ！」としています。

スムーズに演じる方法や盛り上げ方などをアドバイスします。

子どもの反応の例です。反応を見ながらやりとりを楽しみます。

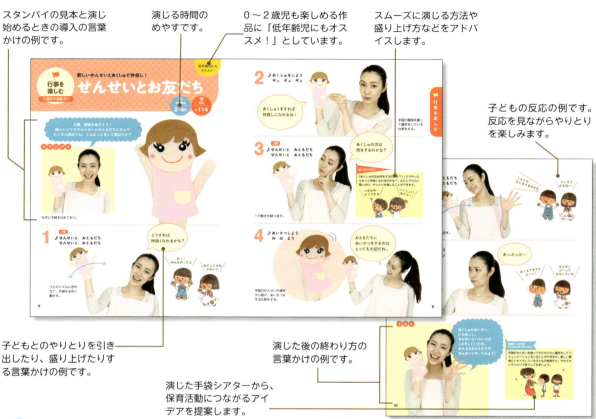

子どもとのやりとりを引き出したり、盛り上げたりする言葉かけの例です。

演じた後の終わり方の言葉かけの例です。

演じた手袋シアターから、保育活動につながるアイデアを提案します。

2 楽譜や作り方も掲載

演じるテーマに合わせたうたの楽譜や歌詞、また手袋シアターの作り方もイラストでていねいに紹介！

3 全ての作品の実寸型紙を掲載

素敵な作品を自分で作るための型紙を、全作品巻末に用意。実寸なので、拡大や縮小をせずにそのままコピー可！

行事を楽しむ

入園式に、ハロウィン。クリスマスにお正月。
季節の行事を意識でき、より楽しむための作品を集めました。

行事を楽しむ
入園式や進級式に

新しいせんせいとあくしゅで仲良し！
せんせいとお友だち

低年齢児にも
オススメ！

所要時間 2〜4分　型紙 p.114

入園、進級おめでとう！
新しいクラスでせんせいとおともだちになって
たくさん遊ぼうね。どんなことをして遊ぼうか？

スタンバイ

右手に手袋をはめておく。

1

1番

♪せんせいと　おともだち
　せんせいと　おともだち

どうすれば
仲良くなれるかな？

うたのリズムに合わせて、手袋を左右に動かす。

わっ！
おんなのこだよ

おどってるね
かわいい

2
♪あくしゅをしよう
　ギュ　ギュ　ギュ

あくしゅくをすれば仲良しになれるね！

手袋の親指を握って握手をしている仕草をする。

行事を楽しむ

3
2番
♪せんせいと　おともだち
　せんせいと　おともだち

あくしゅの次は何をするのかな？

1の動きを繰り返す。

演じ方POINT！
「あくしゅの次は何をするのかな？」「どうやったらもっと仲良くなれるのかな？」などと子どもに問いかけ、やりとりを楽しむことができます。

つぎはね…そうだなぁ

いっしょにあそぶ！

4
♪あいさつしよう
　お　は　よう

おともだちにあいさつをするのはとっても大切だね。

手袋のせんせいの頭を少し曲げ、あいさつをする仕草をする。

5
3番
♪せんせいと おともだち
　せんせいと おともだち

1の動きを繰り返す。

こんどはなにをするのかな

たいそうかもねー！

6
♪にらめっこしよう
　メッ　メッ　メッ

手袋のせんせいと向かい合い、にらめっこをする。

あっぷっぷ〜

ぼくもできるよぶーっ！

せんせいぷーっておもしろいね

ラスト

あくしゅやあいさつ、にらめっこ。
せんせいといろいろなことをしていたね。
みんなもおともだちやせんせいとやってみよう！

保育につながるワンポイントアドバイス！

手袋のせんせいを使って子どもたちと握手をしてコミュニケーションをとることができます。新しい環境にドキドキしている子どもの気持ちも、やわらかいやりとりでほぐしてみましょう。

♪ せんせいとお友だち

作詞：吉岡 治／作曲：越部 信義

行事を楽しむ

```
1.~3. せんせいと おともだち せんせいと おともだち
     ああ  くしゅを  ししよう  ギュ  ギュ  ギュ
     あに  いらめっ  よう     おっ  は   よう
         さ   こ    し     メッ メッ メッ
```

作り方

素材 カラー手袋（肌色）　フェルト　刺繍糸

1 せんせいの顔や体のパーツを作る。

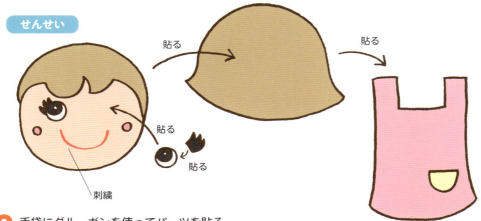

2 手袋にグルーガンを使ってパーツを貼る。

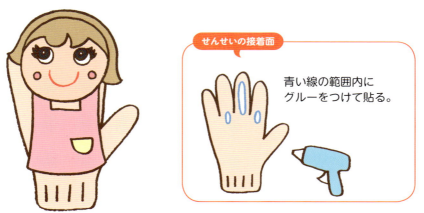

せんせいの接着面

青い線の範囲内にグルーをつけて貼る。

行事を楽しむ｜こどもの日に

おとうさんにおかあさん、こどものこいのぼりもいるよ！

こいのぼり

低年齢児にもオススメ！

所要時間 2〜4分　型紙 p.115

青い空にぷかぷか雲が浮かんでいるね。あれ!? 大きな棒が1本あるけど、ここに何かが集まってくるよ。みんなはわかるかな？

スタンバイ

エプロンポケット

アイテムを入れておく。

- おとうさんこいのぼり
- おかあさんこいのぼり
- こどもこいのぼり

1

おとうさんこいのぼりアイテムを出す。

す〜いすい。空を気持ちよさそうに泳いでやってきたのは誰かな？

12

2

「そうだね！"こいのぼり"だね。」

おとうさんこいのぼりアイテムを手袋につける。

「こいのぼりだー！」

行事を楽しむ

3

おかあさんこいのぼりアイテムを出す。

「す〜いすい。また別のこいのぼりがやってきたね。」

「ピンクのこいのぼりだ」 「ほんとだー！」

4

「このこいのぼりは優しくてとってもおしゃれなおかあさんこいのぼり。」

おかあさんこいのぼりアイテムを手袋につける。

「おしゃれだね〜！」
「おかあさんかわいいね」

5

こどもこいのぼりアイテムを出す。

> す〜いすい。ちょっと小さなこいのぼりがやってきたね。

> これでみんなそろったね！

こどもこいのぼりアイテムを手袋につける。

6

♪やねよりたかい こいのぼり……
（最後まで歌う）

> じゃあみんなでこいのぼりのうたを歌おう！

演じ方POINT！

歌うときは歌詞に合わせて、それぞれのこいのぼりアイテムを持って動かすと、子どもたちにわかりやすく演じることができます。

♪おとうさん

♪こどもたち

ラスト

> 素敵なこいのぼり家族だったね。園庭のこいのぼりはどれがおとうさんでどれがおかあさんかな？みんなで一緒に見に行ってみよう！

保育につながるワンポイントアドバイス！

手袋シアターをきっかけに、こいのぼりに目を向ける機会を作ったり、イメージを広げたり共有したりして保育活動の導入にしてもいいですね。

♪ こいのぼり

作詞：近藤 宮子／作曲：不詳

行事を楽しむ

やねより たかい こいの ぼー り
おおきい まごいは おとう さ ん
ちいさい ひごいは こども たー ち
おもしろ そうに およい で る

作り方

素材 カラー手袋（水色）　フェルト　刺繍糸　綿　トイクロス（白・茶色）　面ファスナー（オス）

1 こいのぼりアイテムや柱、雲等のパーツを作る。

2 手袋に柱や雲等のパーツを貼り、こいのぼりアイテムの裏に面ファスナー（オス）を貼る。

行事を楽しむ
母の日に

大好きなおかあさん。おかあさんがいいにおいがするのはなんでだろう？

おかあさん

所要時間 2〜4分　型紙 p.115

> みんなの大好きなおかあさん。
> おかあさんっていいにおいがするんだよ。
> どんなにおいがすると思う？

スタンバイ

エプロンポケット
アイテムを入れておく。

Tシャツ　なべ　しゃぼんのあわ　たまごやき

1

1番
♪ おかあさん

手袋の子どもがおかあさんを呼びかけているように傾ける。

♪ なあに

手袋のおかあさんが子どもに応えているように傾ける。

演じ方POINT！
手袋の角度を変えることで掛け合いをしているように演じることができます。

2 ♪おかあさんって いいにおい

うたのリズムに合わせて手袋を左右に動かす。

3 ♪せんたくしていた においでしょ

Tシャツアイテムを親指につける。

4 ♪しゃぼんのあわの においでしょ

しゃぼんのあわアイテムを人差し指につける。

5 　2番
♪おかあさん
なあに
おかあさんって
いいにおい

他にはどんなにおいがするのかな？

おべんとう！　おふろ！

1、2の仕草を繰り返す。

6 ♪おりょうりしていた においでしょ

なべアイテムを薬指につける。

7 ♪たまごやきの においでしょ

たまごやきアイテムを小指につける。

ラスト

いいにおいはおかあさんが作ってくれていたんだね。そんなおかあさんに、母の日には大好きとありがとうの気持ちをいっぱい伝えようね。

保育につながるワンポイントアドバイス！

子どもたちとおかあさんについて話すきっかけにして、母の日に向けてのプレゼント製作活動につなげてもいいですね。

♪ おかあさん

作詞：田中 ナナ／作曲：中田 喜直

行事を楽しむ

1. おかあさん なあに おかあさん っていいにおい
   せんたくしていた においでしょ しゃぼんのあわの においでしょ
2. おかあさん なあに おかあさん っていいにおい
   おりょうりしていた においでしょ たまごやきーの においでしょ

作り方　素材　カラー手袋（ピンク）　フェルト　刺繍糸　トイクロス（ピンク）　面ファスナー（オス）

1. Tシャツやしゃぼんのあわアイテム、おかあさんと子どもの顔のパーツを作る。

2. アイテムの裏に面ファスナー（オス）を貼る。おかあさんと子どものパーツは、グルーで手袋に貼り、トイクロスは指先に貼る。

行事を楽しむ 海の日に

海に浮かぶ南の島にいるのは、とってもゆかいなおやこ！

バナナのおやこ

低年齢児にもオススメ！

所要時間 2〜4分　型紙 p.116

スタンバイ

みんなは海は好きかな？
広くて大きな海にはたくさんの島や生き物がいるんだよ。
あれ!?こんな所に小さな島があるね！
誰かいるのかな!?

手をグーの形にして、海に浮かぶ南の島を前に出しておく。

演じ方POINT！

手をグーにするときは親指を手の指の中に握り込むと、バナナのおやこがきれいに隠れます。

1

♪ちいさな　ちいさな
みなみのしまに

うたのリズムに合わせて手袋を左右に動かす。

やしのきがいっぽんあるよー！　　みなみのしまだね

2

♪ きいろい　　　♪ バナナの　　　♪ おやこが　ホラネ

パパバナナを出す。　ママバナナを出す。　コバナナを出す。

行事を楽しむ

3

♪ かぜにゆられて
　ユラユラ
　バナナのおやこが
　ユラユラ

バナナのおやこがいたの、わかったかな？
また出てくるかな？

手をグーにして、南の島だけが見えている形に戻す。

手袋を左右に動かす。

4

♪ バナナのパパは
　パパバナナ

やあ！

親指のパパバナナを出す。

演じ方POINT！

子どもたちとうたの掛け合いをして楽しむこともできます。

♪バナナの
パパは

パパバナナー！！！

5
♪ バナナのママは ママバナナ

「こんにちは」

人差し指の
ママバナナを
出す。

6
♪ バナナのこどもは コバナナ

「ヤッホ〜」

小指の
コバナナを
出す。

7
♪ パパバナナ
　ママバナナ
　コバナナ

（うたの速度を速めて歌う）

♪ バナナのパパは　パパバナナ
　バナナのママは　ママバナナ
　バナナのこどもは　コバナナ
　パパバナナ
　ママバナナ
　コバナナ

「ちょっとずつ速く歌っていくよ〜」

歌詞に合わせてバナナ
のおやこの指を出す。

「キャー！はやいはやい」「パパパッパナ!?あれれ？」

8
（もとの速さで歌う）

♪ そんなバナナ　ニコニコバナナ
　きいろいバナナの　おやこがホラネ
　かぜにゆられて　ユラユラ
　バナナのおやこが　ユラユラ
　パパバナナ　ママバナナ　コバナナ

バナナの親子を
全て出して、手
袋を左右に動か
す。

ラスト

とっても楽しい
バナナのおやこだったね。
海にはまだまだ
知らない楽しいことが
ありそうだよね。

**保育につながる
ワンポイントアドバイス！**

「海には他にどんな楽
しい生き物がいるか
な？」と子どもたちと
想像を膨らませて楽し
むのもいいですね。

行事を楽しむ
お月見に

ぴょんぴょんうさぎが元気に登場！はねて歌って楽しいお月見！

うさぎのお月見

低年齢児にも オススメ！

所要時間 2〜4分　型紙 p.117

> わぁ！見て見て。とってもきれいな まんまるのお月さまが空に浮かんでいるよ。 今日はお月さまが大好きなうさぎさんと一緒に 秋のお月見を楽しもうね。

スタンバイ

左手
お月さまの手袋を前に出しておく。

右手
うさぎの手袋は後ろに隠しておく。

エプロンポケット
アイテムを入れておく。

お月見だんご

左手

右手

1

人差し指のうさぎをはずませながら出す。

ピョンピョンピョン！

わぁ！きれいな お月さまだな〜。 こんなきれいなお月さま、 友達にも見てほしいな。 お〜いみんな〜 おいでよ〜。

うさぎだよ！　耳がながいね

2

うさぎを5羽
全て出す。

「はーい！呼んだ!?
わぁ！とっても大きな
お月さまだ!!」

演じ方POINT！
うさぎを1羽ずつ登場させる演じ方でも楽しめます。
子どもたちの様子を見て演じ分けてみてください。

\1羽/ \3羽/ \5羽/
\2羽/ \4羽/

行事を楽しむ

3

♪うさぎ うさぎ
　なにみて　はねる
　じゅうごやおつきさま
　みてはねる

「こんなきれいな
お月さまを見ていると、
跳びはねたり
歌いたくなったり
しちゃうな！」

うーさぎ♪うーさぎ♪

うたを歌いながらうさぎ
の手袋を上下に跳びはね
る動きをさせる。

4

「跳びはねたり歌ったりしたら
なんだかお腹がすいちゃった
うさぎさんたち。」

「お月さまみたいな
まあるい食べ物が
食べたくなっちゃったんだって。
みんななんだかわかる？」

ホットケーキ？　にんじんかな？

5

お月見だんごアイテムを出して、手袋につける。

「そう！まんまるのおだんごだよ」

「お月さまの下において」

6

「いただきま〜す！もぐもぐもぐ。」

すてきなお月さまを見ながら食べるおだんごはいつも以上においしいね。

うさぎたちがおだんごを食べる仕草をする。

ラスト

すてきなお月見の夜だったね。みんなもおうちの人と一緒によるの空を見て、お月さまがどんな形をしているか見てみてね。うさぎさんもどこかで一緒に見ているかもしれないよ。

保育につながるワンポイントアドバイス！

お月見のイメージを子どもたちと楽しんだら、小麦粉粘土でおだんご作りあそびをして楽しむのもいいですね。

わらべうた

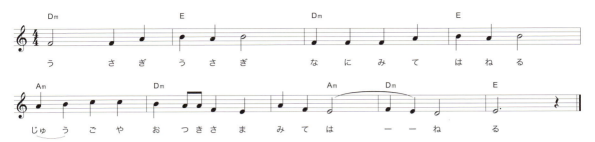

う さ ぎ う さ ぎ な に み て は ね る
じゅ う ご や お つ き さ ま み て ー ー ね る

行事を楽しむ

作り方

素材 カラー手袋（黒・白）　フェルト　刺繡糸　トイクロス（黄緑）　面ファスナー（オス）　動眼

1 うさぎ、お月さま等のパーツや、お月見だんごアイテムを作る。

2 手袋に各パーツを貼る。お月見おだんごアイテムの裏に、面ファスナー（オス）を貼る。

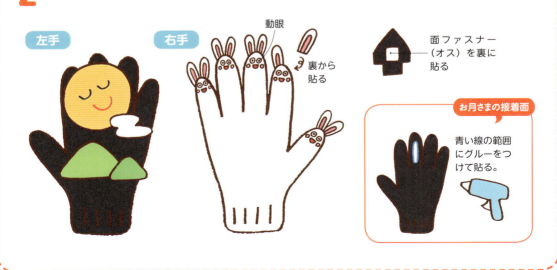

行事を楽しむ
ハロウィンに

ハロウィンのおばけに変身してポーズを楽しんでみよう！

ハロウィンおばけポーズあそび

所要時間 5〜7分　型紙 p.118

みんなはハロウィンに出てくるこのおばけを知っているかな？今日はおばけの友達をたくさん呼んだから一緒に遊ぼうね。

スタンバイ

右手　手のひら側

左手　手のひら側

右手　／　左手

右手　手の甲側

左手　手の甲側

手のひら側のかぼちゃおばけを前に出しておく。

手の甲側がおばけ・手のひら側がくろねこのついた手袋を後ろに隠しておく。

1

これはね、かぼちゃのおばけだよ〜。

かぼちゃのおばけだって

かわいいよ

2

これは
なんだと思う？

くもを前に出す。

3

これは
なんだと思う？

くろねこを
前に出す。

行事を楽しむ

4

これは〜〜〜〜？？

おばけを前に
出す。

5

いろいろなハロウィン
おばけが出てきたね。
じゃあ、これから前に出す
おばけのポーズをとって
遊んでみよう！

6

最初は、
おばけ
ポーズ！

思い思いのお
ばけポーズを
する。

演じ方POINT！

手の動きに変化をつけて、それぞれのポーズを楽しむことができます。最初のうちは補助の保育者がポーズの見本を行ってもいいですし、子どもたちから自由に出てくる動きを楽しんでもいいですね。

＼おばけ！／ ＼ねこ！／ ＼くも！／ ＼かぼちゃ！／

7

ねこポーズ！

思い思いのねこポーズをする。

8

くもポーズ！

思い思いのくもポーズをする。

9

かぼちゃポーズ！

思い思いのかぼちゃポーズをする。

保育につながる ワンポイントアドバイス！

広い場所で、それぞれのポーズをアレンジして、体を大きく動かして楽しむこともできます。

ラスト

いろいろなポーズが楽しいハロウィンのおばけたちだったね。みんなはどのおばけが好きだった？

行事を楽しむ クリスマスに

優しい気持ちにしてくれる、トナカイさんとサンタさんのやりとり

赤鼻のトナカイ

所要時間 2〜4分　型紙 p.120

もうすぐ待ちに待ったクリスマス！
あれれ……なんだかしょんぼりしている
トナカイさんがいるよ!?
どうしたのかな？

スタンバイ

左手
トナカイさんの手袋を前に出しておく。

右手
サンタさんの手袋は後ろに隠しておく。

1

♪まっかなおはなの
　トナカイさんは

うたのリズムに合わせて、
手袋を左右に動かす。

ベルもついてるよ

ぼくもつけちゃお

5

♪くらいよみちは
ピカピカの
おまえのはなが
やくにたつのさ

暗い道でも
トナカイさんが
いることで、
明るくなるんだね！

トナカイさんの鼻をサンタさんが指す仕草をする。

演じ方POINT！
「♪おまえのはな　やくにたつのさ」の場面では、サンタさんがトナカイさんの鼻を指すことで、子どもたちの注目も集まります。

6

♪いつもないてた
トナカイさんは
こよいこそはと
よろこびました

トナカイさん
よかったねー！

やったー！
してるね

サンタさんとトナカイさんの手袋を正面に出して、左右に動かしながら最後まで歌う。

ラスト

トナカイさんは
サンタさんの言葉で
とても嬉しい気持ちになったね。
サンタさんみたいに、
友達の素敵なところを
たくさん見つけて
言えるようになりたいね。

**保育につながる
ワンポイントアドバイス！**

「サンタさんのように友達の素敵なところを見つけてみよう」と子どもたちに話し、〝言葉のクリスマスプレゼント〟を贈り合ってみてもいいですね。

絵が上手だね！　　ありがとう♪

赤鼻のトナカイ

作詞・作曲：MARKS JOHNNY　／訳詞：新田 宣夫

RUDOLPH THE RED-NOSED REINDEER
Words & Music by John D Marks
© by ST. NICHOLAS MUSIC, INC.
Permission granted by Shinko Music Publishing Co., Ltd.
Authorized for sale in Japan only.

行事を楽しむ

行事を楽しむ
お正月に

どんなことをして遊ぼうか!? 楽しみなお正月のワクワクがより膨らむ♪

お正月

所要時間 2〜4分 | 型紙 p.121

💬 もうすぐお正月がやってくるね。お正月はいろいろな楽しいあそびをしたいよね。

スタンバイ

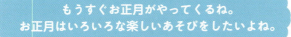

エプロンポケット

アイテムを入れておく。

たこ／こま／まり／はねつき

---

1 1番

♪もういくつ ねると おしょうがつ

うたのリズムに合わせて、手袋を左右に動かす。

あとなんかいねたらおしょうがつ？ / ねてるね！

2 ♪おしょうがつには たこあげて

たこアイテムを出して親指につける。

たこあげ楽しいよね。

行事を楽しむ

3 ♪こまをまわして あそびましょう

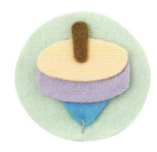

こまアイテムを出して人差し指につける。

こま回し名人になれるかな〜。

4 ♪はやくこいこい おしょうがつ

うたのリズムに合わせて、手袋を左右に動かす。

はやくきてほしいな

いっぱいねようよ

5 　2番
♪もういくつねると　おしょうがつ

他にはどんなことをして遊ぶのかな？

うたのリズムに合わせて、手袋を左右に動かす。

保育につながる　ワンポイントアドバイス！
お正月ならではのあそびのイメージを共有したら、実際に一緒に遊んで楽しむこともいいですね。

6
♪おしょうがつには　まりついて

ポンポンまりつきだね。

まりアイテムを出して中指につける。

7
♪おいばねついて　あそびましょう

上手にできるかな？

はねつきアイテムを出して小指につける。

8
♪はやくこいこい　おしょうがつ

お正月にしたいあそびがたくさん出てきたね！

うたのリズムに合わせて、手袋を左右に動かす。

ラスト

こんなにたくさんのあそびがあって、とってもワクワクするね！みんなはお正月にどのあそびをしたいかな？

お正月　作詞：東くめ／作曲：滝 廉太郎

行事を楽しむ

1. もーいくつねると おしょーがつ
   おしょーがつには たこあげて こまをーまわして あそびましょう
   はやくーこいこい おしょーがつ

2. もーいくつねると おしょーがつ
   おしょーがつには まりついて おいばねついてー あそびましょう
   はやくーこいこい おしょーがつ

作り方

素材 カラー手袋（水色）　フェルト　トイクロス（白・水色）　刺繍糸　面ファスナー（オス）　動眼

1 こまやまり等のアイテムや、子どもの顔等のパーツを作る。

2 手袋にパーツとトイクロスを貼り、こま等のアイテムに面ファスナー（オス）を貼る。

39

行事を楽しむ 節分に

おこりんぼになきむし、ニコニコおにも?!いろんなおにが登場するよ！

きみのなかのおに

所要時間 5〜7分 / 型紙 p.122

「おには〜そと！」って豆をまく節分にはおにさんがやってくるよね？ おにさんってどんなおにがいると思う？ 今日はいろいろなおにさんを見てみようね。

エプロンポケット
アイテムを入れておく。

 おこりんぼおに
 なきむしおに
ニコニコおに

1

1番
♪きみのなかに
いるおには
どんなかおを
してるかな

心の中におにがいるのかな？

歌いながら、手袋のハート部分を指さす。

いるかな？ / みえる？

2

おこりんぼおに
アイテムを出す。

プンプン！
おこりんぼ
おにがいたよ！

この服着たくない！プンプン！
ピーマン食べたくない！プンプン！
もっと遊びたい！プンプン！
いやだいやだ！ぜ〜んぶきらい！
おこりんぼおにだ！

おこりんぼおにアイテムを、ハート部分につける。

行事を楽しむ

3

2番
♪ きみのなかにいるおには
どんなかおをしてるかな

他に
どんなおにが
いるのかな？

おこりんぼおにアイテムを、人差し指の先につけ、2番を歌う。

演じ方POINT！

メインで演じるおにの顔は、ハート部分につけて演じると、子どもも注目しやすいです。

おこりんぼ　なきむし　ニコニコ

4

なきむしおに
アイテムを出す。

え〜んえ〜ん。
なきむしおにが
いたよ！

なきむしおにアイテムを、ハート部分につける。

ころんじゃったよ……え〜ん！
叱られちゃったよ……え〜ん！
けんかしたよ……え〜ん！
なきむしおにだよ。

41

5

3番
♪ きみのなかに
いるおには
どんなかおを
してるかな

おこりんぼおに、
なきむしおにがいたね。
次はどんなおにが
出てくるのかな？

ふざけおに！　けんかおに！

なきむしおにアイテムを、中指の先につけ、3番を歌う。

6

あはは〜
うれしいな！
ニコニコおにが
いたよ！

ニコニコおにアイテムを、ハート部分につける。

うれしいな！楽しいな！
ニコニコ笑っていると
とってもいい
気持ちだな。

ニコニコおにアイテムを出す。

7

♪ おに おに おに おに
こころのおにを
やっつけろ！

ニコニコおにアイテムを、薬指の先につけて歌う。

いやなおにを
やっつけようね。

ラスト

心の中には
いろいろな顔をした
おにがいたね。
いやなおには
豆まきでやっつけようね。

行事を楽しむ
ひなまつりに

ひなまつりの、素敵なお人形や飾りに注目するきっかけにも
うれしいひなまつり

所要時間 5〜7分　型紙 p.123

ひなまつりにはひな人形を飾るよね。
お人形の他にもよく見るといろいろなものを飾っていたり、
お人形さんが持っているものがあるのを知っているかな？
一緒に見てみようね。

左手 / 右手

スタンバイ

エプロンポケット

アイテムを入れておく。

ぼんぼり　桃の花　笛　太鼓

1

みんなは
このお人形さんの
名前はわかるかな？

おだいりさまの
手袋を前に出す。

おだいりさま　おとこのひとだね

44

2

「じゃあ このお人形さんの 名前は わかるかな?」

「おひなさま!」 「おひめさま?」

おひなさまの手袋を前に出す。

行事を楽しむ

3

「お人形さんの名前が わかったら、次は 飾りを見てみようね。 ひなまつりにはね、 ぼんぼりっていう 灯(あか)りを飾るよ。」

「でんき つくのかな」 「わくわく!」

ぼんぼりアイテムを出して左の親指につける。

4

「それにね、 かわいくて きれいな桃の花も 飾るよ。」

「ピンクの おはなだね」 「かわいい」

桃の花アイテムを出して左の小指につける。

5

笛を吹いている
お人形もいるのを
知っているかな？

ぼくも
ふこーっと

ほんとは
だれが
ふくのかな

笛アイテムを出し、
右の親指につける。

6

太鼓を持っている
お人形もいるんだよ。

どんなおとが
するのかな

きいて
みよー♪

太鼓アイテムを出し、
右の小指につける。

ラスト

今出てきたものが
出てくるうたをみんなで
歌ってみよう！

♪あかりをつけましょ
　ぼんぼりに……
（最後まで歌う）

手袋を左右に動か
し、子どもたちと
一緒に歌う。

保育につながる ワンポイントアドバイス！

ひな人形や飾りのイメージを共有し、それらのアイテムが歌詞に出てくる『うれしいひなまつり』のうたを歌って楽しむことができます。

うれしいひなまつり

作詞：サトウ ハチロー／作曲：河村 光陽

行事を楽しむ

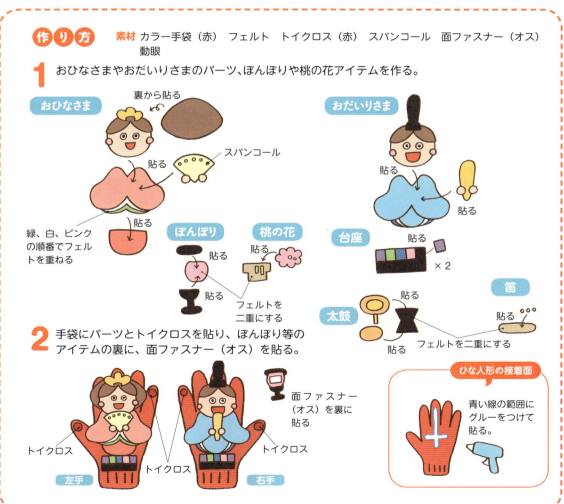

コラム　手袋シアターを楽しむために

演じ方・楽しみ方ポイント

演じ手自身が楽しさを感じる作品から取り組んでみましょう

演じ手自身が"おもしろい！"と思った作品は、子どもたちにも作品の魅力が伝わるものです。まずはこの作品好きだな、おもしろいな、と思ったものから取り組んでみることをおすすめします。

アイテムの確認と演じやすくするため準備を行いましょう

全てポケットにしまうとアイテムを出しにくい、と思ったときは、待機用のトイクロスを手袋裏につけます。また、補助の机を用意して、その上にアイテムを置いておく、など準備を整えておくとスムーズに演じることができます。

喜怒哀楽をわかりやすく表情豊かに演じてみましょう

子どもたちの目には、演じ手の表情が、手袋アイテムに投影されて映るでしょう。楽しい場面では思いっ切り笑顔で、驚きの展開の場面ではビックリ顔で演じるなど意識してみましょう。

子どもたちの姿をヒントに楽しみ方を広げてみましょう

手袋のモチーフに合わせて、体を動かして遊んだり、名前を呼ばれたら手袋にタッチをしたりするなど、子ども参加型の楽しみ方もたくさんあります。子どもの姿や反応を見て、自由な発想で手袋シアターを活用しましょう。

Part 2

うたのせかいを楽しむ

定番のうたや人気のうたを、手袋シアターで楽しみましょう。
うたのせかいのイメージを、友達と一緒に共有する機会になります。

♪ うたのせかいを楽しむ

にっこり笑うおはなと一緒に、子どもたちの笑顔を引き出せる！

おはながわらった

低年齢児にもオススメ！

所要時間 2〜4分 ／ 型紙 p.125

きれいな色がいろいろある、素敵なおはながたーくさん！どんな顔をしているんだろう⁉ みんな一緒に見てみよう！

スタンバイ

左手に手袋をはめておく。

1

1番
♪ おはなが わらった

きいろい おはなだ！
わらってるね

親指のおはなを出す。

2 ♪おはながわらった

人差し指の
おはなを出す。

3 ♪おはながわらった

中指のおはなを
出す。

♪うたのせかいを楽しむ

4 ♪おはながわらった

薬指のおはなを
出す。

演じ方POINT！
小指だけを曲げづらいときは、右手で押さえながら演じてもOKです！

5 ♪みんなわらった

みんな
出てきたね。

♪いちどにわらった

全ての指のおはなを出す。

左右に揺らす。

♪ おはながわらった

作詞：保富 庚午／作曲：湯山 昭

うたのせかいを楽しむ

作り方　　素材 カラー手袋（黄緑）　フェルト　刺繍糸　動眼

1 おはなや葉っぱのパーツを作る。

2 手袋におはなや葉っぱを貼る。

うたの せかいを 楽しむ

手袋の中でかくれんぼ！じょうずにかくれんぼができるかな？

かわいいかくれんぼ

低年齢児にもオススメ！

所要時間 3〜5分　型紙 p.125

> みんなはかくれんぼ好き？
> 今日は動物さんたちのかくれんぼを見てみようね。
> じょうずにかくれられるかな？

スタンバイ

エプロンポケット

アイテムを入れておく。

こいぬ　ひよこ　すずめ

1

1番

♪ひよこがね
　おにわでぴょこぴょこ
　かくれんぼ

かわいいね〜。

ひよこアイテムを出して、草むらの前で動かす。

54

2 ♪どんなにじょうずに かくれても ♪きいろいあんよが みえてるよ

草むらのすき間に足を少し出した状態でひよこアイテムを入れる。

あんよってなにかな
あしだ〜！

♪うたのせかいを楽しむ

3 ♪だんだんだれが めっかった

見つかった〜。

ひよこアイテムを前に出して、手袋の左下につける。

演じ方POINT！
かくれんぼをしている場面では歌詞に合わせて、それぞれの動物の体のパーツを見せるように演じます。

足が出ているひよこ　頭が出ているすずめ　しっぽが出ているこいぬ

4 2番 ♪すずめがね ♪おやねでちょんちょん かくれんぼ ♪どんなにじょうずに かくれても

すずめアイテムを出して、おうちの前で動かす。

おうちのすき間に、すずめアイテムを入れる。

5

♪ちゃいろのぼうしがみえてるよ
だんだんだれが
めっかった

屋根から頭が少し見えている状態にする。「♪めっかった」ですずめアイテムを出して、中指につける。

みーつけたっ！

6

3番
♪こいぬがね

♪のはらでよちよち
かくれんぼ

♪どんなにじょうずに　かくれても
かわいいしっぽがみえてるよ

こいぬアイテムを出して、草むらの前で動かす。

草むらのすき間にしっぽを出した状態で入れる。

7

♪だんだんだれが
めっかった

ラスト

こいぬアイテムを前に出して、手袋の下につける。

とってもかわいくて楽しい動物さんたちのかくれんぼだったね。みんなもこれから一緒にかくれんぼをして遊ぼう！

保育につながるワンポイントアドバイス！
演じた後にかくれんぼあそびを行っても楽しいですね。

♪ かわいいかくれんぼ

作詞：サトウ ハチロー／作曲：中田 喜直

1. ひよこがね おにわで ぴょこぴょこ かくれんぼ
   どんなに じょうずに かくれても きいろい あんよが みえてるよ だんだん だれが めっかった
2. すずめがね おやねで ちょこちょこ かくれんぼ
   どんなに じょうずに かくれても ちゃいろの ぼうしが みえてるよ だんだん だれが めっかった
3. こいぬがね のはらで よちよち かくれんぼ
   どんなに じょうずに かくれても かわいい しっぽが みえてるよ だんだん だれが めっかった

うたのせかいを楽しむ

作り方

素材 カラー手袋（水色）　フェルト　トイクロス（水色）　動眼　面ファスナー（オス）

1 ひよこやすずめなどの動物アイテム、おうちや草むら等のパーツを作る。

2 手袋におうちや草むら等のパーツを貼り、ひよこ等の動物アイテムの裏に面ファスナー（オス）を貼る。

うたの せかいを 楽しむ

どんどん出てくるビスケットに、子どもたちも大喜び！
ふしぎなポケット

低年齢児にも オススメ！

所要時間 **2〜4分**　型紙 **p.126**

> 今日はとってもふしぎで、素敵なポケットをみんなに紹介するね。さぁ、中から何が出てくるかな？

スタンバイ

ビスケット

手袋のポケットの中にビスケットアイテムを入れておく。

1
1番
♪ポケットのなかには ビスケットがひとつ

> ビスケットが入っていたんだね。

ポケットからビスケットアイテムを出す。

手袋にビスケットアイテムをつける。

5
♪たたいてみるたび
　ビスケットはふえる

ポケットを
たたく仕草をする。

おいしいね〜。

全てのビスケットアイテムを出す。

6
♪そんなふしぎな
　ポケットがほしい
　そんなふしぎな
　ポケットがほしい

うたのリズムに
合わせて揺れる。

ほしいなぁ

ぼくも
ほしーい！

ラスト

たくさんのビスケットが出てくるふしぎで素敵なポケットだったね！みんなだったら何が出てくるポケットがほしい？私はね〜〜〜。

保育につながる ワンポイントアドバイス！

「みんなは何が出てくるポケットがほしいかな」と聞き、子どもたちと理想のポケットについて話しても楽しいですね。

リボン♡　おもちゃ

♪ ふしぎなポケット

作詞：まど・みちお／作曲：渡辺 茂

ポケットの なかには ビスケットが ひとつ ポケットを たたいて
もひとつ たたくと ビスケットは みっつ
たたくと ビスケットは ふたつ そんな ふしぎな
みるたび ビスケットは ふえる
ポケットが ほしい そんな ふしぎな ポケットが ほしい

うたのせかいを楽しむ

作り方

素材 カラー手袋（水色）　フェルト　トイクロス（肌色・水色）　面ファスナー（オス）　刺繍糸　毛糸

1 ビスケットアイテムや子どもの顔やポケット等のパーツを作る。

2 手袋に、顔、手、ポケット等を貼ったり縫いつけたりする。ビスケットアイテムの裏に面ファスナー（オス）を貼る。

うたのせかいを楽しむ

ミックスジュース

何が入っているのかな？どんな味がするのかな？想像しながら楽しもう♪

所要時間 2〜4分 | 型紙 p.128

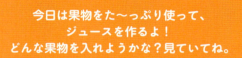

今日は果物をた〜っぷり使って、ジュースを作るよ！どんな果物を入れようかな？見ていてね。

スタンバイ

手の甲側

手のひら側

手の甲側

手のひら側

果物が見えるように手袋をつける。
ミキサーアイテムをつけておく。

1

1番
♪りんご　りんご　　♪りんごのほっぺ

うたのリズムに合わせて、手袋を左右に動かす。

人指し指のりんごを出して、うたに合わせて揺らし、ほっぺを指さす。

演じ方POINT！
「ほっぺ、おめめ、おくち」と歌詞に合わせて果物の顔のパーツを指さしていきます。また、演じる保育者自身の顔のパーツを指さしても楽しく演じることができます。

2 ♪ぶどう　ぶどう　ぶどうのおめめ

中指のぶどうを出して、うたに合わせて揺らした後、目を指さす。

3 ♪いちご　いちご　いちごのおはな

薬指のいちごを出して、うたに合わせて揺らした後、鼻を指さす。

♪うたのせかいを楽しむ

4 ♪おくちはチェリー　♪チュッ

小指のチェリーを出す。

手袋をしていない手で、口を押えて"チュッ"の仕草をする。

チュッ！だって

あはは！

5 2番 ♪りんごをいれて

ミキサーアイテムを左手で持って、手袋の前に出す。りんごをミキサーアイテムに入れる仕草をする。

ミキサーっていうんだよ。

りんごがはいったね

なにをしているのかな

6

♪ぶどうをいれて ♪いちごをいれて ♪チェリーを入れて

歌詞に合わせて、果物をミキサーアイテムに入れる仕草をする。

7

さぁ、ミキサーの中でまぜていくよ。

手をグーにして、手の甲側にミキサーアイテムをつける。

♪ぐるぐるぐるぐる ぐるぐるまぜて

ぐるぐるとまぜる仕草をする。

8

♪ミックスジュースのできあがり

完成！

手のひらを広げて、ミックスジュースを前に出す。

ラスト

たくさんの果物が入ったミックスジュースのできあがり！どんな味がするのかな？

うたの せかいを 楽しむ

カラフルぞうさんがかわいい！驚きの展開にくぎづけ！
ぞうさんとくものす

所要時間 3〜5分　**型紙** p.129

> わぁ〜見て見て！こんなに大きなくものすを発見したよ。
> あれ？ぞうさん、このくものすの上で遊びたいんだって！
> 大きなぞうさんだけど大丈夫かな？

スタンバイ

ぞうさんアイテムと
くものすアイテムを手袋につけておく。

1

1番

♪いっぴきのぞうさん　くものすに
　かかってあそんでおりました
　あんまりゆかいになったので
　もひとりおいでと　よびました

> 今度は
> 何色のぞうさんが
> 来るかな？

あお色のぞうさん
アイテムを、くも
のすにつける。

2 [2番]

♪にひきのぞうさん　くものすに
　かかってあそんでおりました
　あんまりゆかいになったので
　もひとりおいでと　よびました

ピンク色のぞうさんアイテムを、くものすにつける。

3 [3番]

♪さんびきのぞうさん　くものすに
　かかってあそんでおりました
　あんまりゆかいになったので
　もひとりおいでと　よびました

みどり色のぞうさんアイテムを、くものすにつける。

演じ方POINT！
「次は何色のぞうさんが来るかな？」と子どもたちの期待が膨らむような声かけをして楽しんでみてもいいですね。

4 [4番]

♪よんひきのぞうさん　くものすに
　かかってあそんでおりました
　あんまりゆかいになったので
　もひとりおいでと　よびました

きいろのぞうさんアイテムを、くものすにつける。

5 [5番]

♪みんなのぞうさん　くものすに
　かかってあそんでおりました
　あんまりゆかいになったので
　もひとりおいでと　よびました

オレンジ色のぞうさんアイテムを、くものすにつける。

♪うたのせかいを楽しむ

6

「ぞうさんがみんなくものすに集まったね!」

♪あんまりおもたくなったので

「わ～!くものすがグラグラするよ～。」

くものすを持って揺らす。

7

♪くものすプツンと　きれました

「くものすが切れちゃった～。」

くものすをとる。

ラスト

「ぞうさんがたくさんのっちゃったから、くものすが切れちゃったね～。残ったのはくもさん。また大きなくものすを作ってくれるかな?」

保育につながるワンポイントアドバイス!

カラフルなぞうさんを使って、色探しあそびにつなげてみても楽しいです。

あかいいろのものはどーこだ♡

さがそう!

♪ ぞうさんとくものす

作詞・作曲：不詳

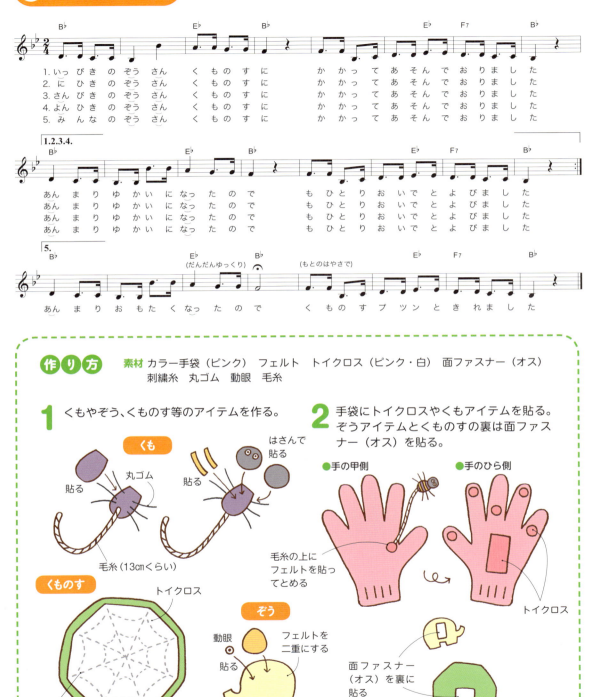

1. いっぴき の ぞう さん くものすに かかって あそんで おりました
2. にひき の ぞう さん くものすに かかって あそんで おりました
3. さんびき の ぞう さん くものすに かかって あそんで おりました
4. よんひき の ぞう さん くものすに かかって あそんで おりました
5. みんな の ぞう さん くものすに かかって あそんで おりました

1.2.3.4. あんまり ゆかい に なったので もひとり おいでと よびました

5. あんまり おもたく なったので くものす プツン と きれました

♪ うたのせかいを楽しむ

うたのせかいを楽しむ

いぬのおまわりさんの動きを工夫して楽しんで♪

犬のおまわりさん

低年齢児にもオススメ！

所要時間 3〜5分　型紙 p.130

あれれ？泣いているこねこちゃんがいるよ。
どうしたのかな？
まいごになっちゃったんだって！
大変、大変〜！

スタンバイ

左手 こねこちゃんの手袋を前に出しておく。

右手 いぬのおまわりさんの手袋は後ろに隠しておく。

エプロンポケット アイテムを入れておく。

おうち／からす／すずめ

1　1番
♪まいごの まいごの こねこちゃん

うたのリズムに合わせて、手袋を左右に動かす。

え〜!!

いぬのおまわりさんを出す。

どうしたんだい？

2
♪あなたのおうちは　どこですか

おうちアイテムをポケットから出して、左手の薬指につける。

「おうちはどこ？」

♪うたのせかいを楽しむ

3
♪おうちをきいても　わからない
　なまえをきいても　わからない
　ニャンニャンニャンニャーン
　ニャンニャンニャンニャーン
　ないてばかりいる　こねこちゃん

こねこちゃんの手袋の指を曲げたり手首を振ったりして動かす。

演じ方POINT！
「♪わからない」のときは、親指と小指を曲げて泣く仕草を強調したり、手首を回して、首を振っているような動きをつけると、困った姿がより表現できます。

「ニャンニャンこまったよ〜」

4
♪いぬのおまわりさん
　こまってしまって
　ワンワンワンワーン
　ワンワンワンワーン

「こまっちゃうよ〜。」

いぬのおまわりさん手袋の小指を曲げ、頭を抱えて困ったような仕草をする。

「こまっちゃうねぇ」
「わたしも、まいごになったことあるー」

5
2番
♪まいごのまいごの
　こねこちゃん
　このこのおうちは
　どこですか

6
♪からすにきいても
　わからない

からすアイテムを
手袋につける。

7
♪すずめにきいても
　わからない

すずめアイテムを
手袋につける。

8
♪ニャンニャンニャンニャーン
　ニャンニャンニャンニャーン
　ないてばかりいる　こねこちゃん
　いぬのおまわりさん
　こまってしまって
　ワンワンワンワーン
　ワンワンワンワーン

ラスト

いぬのおまわりさんもこねこちゃんも
泣いてばかりだったね。
みんなは困ったときは
ちゃんとおはなしできるかな。

🎵 犬のおまわりさん

作詞：佐藤 義美／作曲：大中 恩

うたのせかいを楽しむ

作り方

素材 カラー手袋（山吹色・水色） フェルト トイクロス（黄色・水色） 動眼 面ファスナー（オス）

1 すずめやからす等のアイテムや、こねこちゃんやいぬのおまわりさんのパーツを作る。

- すずめ：はさんで貼る
- からす：はさんで貼る
- おうち：貼る／フェルトを二重にする
- こねこちゃん：貼る
- いぬのおまわりさん：貼る

2 手袋にこねこちゃんやいぬのおまわりさんのパーツを貼る。すずめやからす等のアイテムの裏に面ファスナー（オス）を貼る。

左手／右手／トイクロス／面ファスナー（オス）を裏に貼る

こねこちゃんといぬのおまわりさんの接着面

青い線の範囲にグルーをつけて貼る。

うたの せかいを 楽しむ

たくさんの動物たちや楽器が登場!どんな音がするのかな?

山の音楽家

所要時間 3〜5分
型紙 p.132

今日は山にいる動物さんたちが、素敵な楽器で演奏をしてくれるよ。どんな音がするのかよーく聞いていてね。

スタンバイ

手のひら側

手の甲側

フルート
バイオリン
ピアノ
たいこ

楽器アイテムをつけておく。

1

1番
♪わたしゃおんがくか やまのこりす

こりすを指さす。

うさぎだー!
たぬきもいるよー!

2

♪ じょうずに バイオリン
ひいてみましょう

こりすさんが
ひくよ。

♪ キュキュキュキュキュ
キュキュキュキュキュ
キュキュキュキュキュ
キュキュキュキュキュ
いかがです

うたのせかいを楽しむ

バイオリンアイテムを
出す。

こりすの下にバイオリンア
イテムをつける。

3

2番

♪ わたしゃおんがくか
やまのうさぎ

♪ じょうずにピアノを
ひいてみましょう

ピアノアイテムを
出す。

♪ ポポポロンポロンポロン
ポポポロンポロンポロン
ポポポロンポロンポロン
ポポポロンポロンポロン
いかがです

うさぎを
指さす。

うさぎの
下にピアノ
アイテムをつける。

4

3番

♪ わたしゃおんがくか
やまのことり

次は
ことりさん！

♪ じょうずにフルート
ふいてみましょう

フルートを出す。

♪ ピピピピピ　ピピピピピ
ピピピピピ　ピピピピピ
いかがです

ことりを
指さす。

フルートアイテムを
ことりの下につける。

5

4番

♪わたしゃおんがくか やまのたぬき

たぬきを指さす。

♪じょうずにたいこを たたいてみましょう

どんな音が するかな?

たいこアイテムを出し、たぬきの下につける。

♪ポコポンポコポン
ポコポンポコポン
ポコポンポコポン
ポコポンポコポン
いかがです

6

5番

♪ぼくたちゃおんがくか やまのなかま

さいごは みんなで!

うたのリズムに合わせて左右に揺れ、最後まで歌う。

♪じょうずにそろえて
ひいてみましょう
タタタンタンタン
タタタンタンタン
タタタンタンタン
タタタンタンタン
いかがです

ラスト

素敵な山の音楽家だったね。動物さんたちはそれぞれ違う楽器を持って、違う音を出していて楽しかったね!

保育につながる ワンポイントアドバイス!

音の擬音を子どもたちと自由に出し合って楽しんでもいいですね。

ピアノはどんな音かな?　ピロロン　ポロロン

うたの
せかいを
楽しむ

ドレミのアイテムが見える、楽しい音楽の時間スタート！

ドレミのうた

所要時間 3〜5分

型紙 p.133

今日はみんなに楽しいうたを紹介するね。
スイッチを押して、音楽スタート！

スタンバイ

ドレミアイテムを手袋のレコードにつけておく。

1 ♪ドはドーナツのド

おいしそ〜。

ドーナツアイテムを
とってつける。

2 ♪レはレモンのレ

レモンアイテムを
とってつける。

見ているだけで
すっぱく
なっちゃう。

♪うたのせかいを楽しむ

3 ♪ミはみんなのミ

みんなアイテムを
とってつける。

お友達が
いっぱいだ！

4 ♪ファはファイトのファ

ファイトの腕アイテムを
とってつける。

ちからこぶが
見えるね。

5 ♪ソはあおいそら

あおいそらアイテムを
とってつける。

「きれいな青い空だね。」

6 ♪ラはラッパのラ

ラッパアイテムを
とってつける。

「プップー♪」

7 ♪シはしあわせよ

女の子アイテム
をとってつける。

「うれしそうな顔だね。」

8 ♪さあ　うたいましょ

ラスト

「ひとつのうたの中に食べ物や人、楽器に空も出てきたね。みんなはどの音が好きだったかな？」

保育につながるワンポイントアドバイス！

「ドはドーナツ以外に何があるかな？」などと言葉あそびにつなげても楽しいです。

＼ドキー♡／　＼ドラキュラ！／

うたのせかいを楽しむ

いとまき

いとまきから何が作れるかな？ 手あそびをしながら楽しもう♪

低年齢児にもオススメ！

所要時間 2〜4分　型紙 p.134

今日はこのいとまきをぐるぐるまわしたり、トントンたたいたりして、いろいろな物を作っていくよ。みんなも一緒に真似してみてね。

スタンバイ

手のひら側／手の甲側

手のひら側

手のひらの中央部分に、くつ、マフラーアイテムをつけておく。

ぞうさんのくつ／女の子のくつ／ありさんのくつ／きりんさんのマフラー

1

♪いとまきまき　いとまきまき

いとまきの仕草をする。

♪ひいて　ひいて

♪トントントン

2 ♪いとまきまき いとまきまき ひいて ひいて トントントン

みんなも一緒に真似してみてね！

3 ♪できた できた ぞうさんの おくつ

ぞうさんのくつアイテムを、ぞうさんの下につける。

大きなくつができたよ〜。

♪うたのせかいを楽しむ

3のアレンジ

♪みんなの おくつ

リボンがついて素敵でしょ？

女の子のくつアイテムを女の子の下につける。

♪きりんさんの マフラー

あったかマフラー！きりんさんの首の長さに合わせて長いよ！

きりんさんのマフラーアイテムを、きりんさんの首につける。

♪ありさんの おくつ

小さくてかわいいくつだね！

ありさんのくつアイテムを、ありさんの下につける。

ラスト

いとまきから、いろいろなものが作れたね！他にどんなものが作れると思う？一緒に考えて歌ってみよう！

保育につながるワンポイントアドバイス！

「♪できた できた……」で他に何ができるか、子どもたちと想像を広げて、話したり歌ったりして楽しんでみてもいいですね。

うさぎのぼうし♪

🎵 いとまき

訳詞：不詳／作詞・作曲：デンマーク民謡

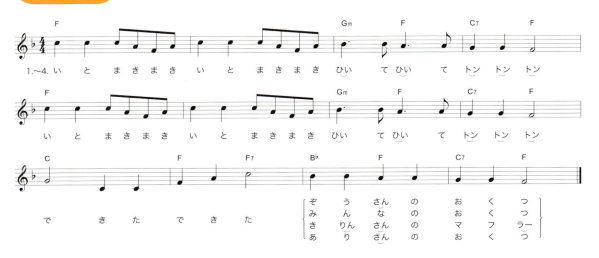

Part 3

園生活を楽しむ

朝のおあつまりや、製作あそびの前。おべんとうの時間におやつの時間。
活動の導入や活動自体も楽しみながら演じることのできる作品が大集合です。

園生活を楽しむ

朝のおあつまりに

大きな返事とお花にタッチで、楽しい一日のはじまり！

お花にタッチ

低年齢児にもオススメ！

所要時間 5〜7分

型紙 p.136

おはようございます！みんな今日も元気かな？お花さんと一緒にみんなの元気な顔を見たり声を聞いたりしていくよ。

スタンバイ

手の甲側

手のひら側

右手に手袋をつける。

1

みんなは朝起きて、ちゃんと顔を洗ってきたかな？

顔を洗う仕草をしながら、話をする。

あらったよ！

ねむかったなぁ

2

「朝起きたら
お水でパシャパシャって
顔を洗うと、
きれいになるし
目も覚めるね。」

顔を洗う仕草をする。

園生活を楽しむ

3

「あーさっぱりした！
どう？ みんなの顔も
きれいになったかな？」

きれいになったよ
ピッカピカ

4

「じゃあこれから
一人ひとりのお名前を
呼んでいくので、
呼ばれたら
「はい！」と手をあげて
返事をしてね。」

演じ方POINT！

小指をお花の顔の後ろに隠して親指を動かすと、手袋のお花も片手をあげて返事をしている動きがわかりやすく演じることができます。

はい！

5

タッチをする
見本を見せる。

それから、
「はい！」と元気に
返事ができたら、
お花さんに
タッチをしに来てね。

6

○○ちゃん

はい！
タッチ！

シャリーン

元気にタッチできたから、
「シャリーン」って
お花さんの喜んでいる
音がするね。

手の甲側

ラスト

お花さんと一緒に
みんなの元気な顔が見られて、
声も聞けてうれしいよ。
今日も一日楽しく遊ぼうね！

**保育につながる
ワンポイントアドバイス！**

『おはながわらった』（楽譜 P.53）に合わせて、子どもたちと一緒に歌って楽しむこともできます。

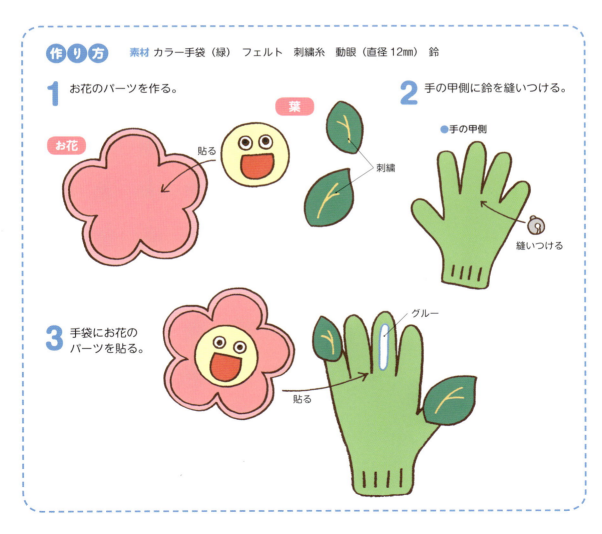

園生活を楽しむ
朝のおあつまりに

天気に注目するきっかけにもなって英語に触れる機会にも！

今日の天気はなんだろう？

所要時間 5〜7分　型紙 p.137

みんなおはよう！
今日はいろいろな天気を
英語のうたに合わせて楽しんでみよう！

スタンバイ

エプロンポケット

アイテムを入れておく。

sunny　rainy　snowy
windy　cloudy

1
1番
♪ How's the weather outside?

今日の天気は
なんだろう？
って意味だよ。

演じ方POINT！

本書では英語のうたで演じ方を紹介していますが、「この天気は何かな？」と日本語で子どもたちに問いかけてやりとりを行うだけでも十分楽しめる手袋シアターです。子どもたちの姿に合わせて自由に演じてみてください。

5 4番
♪ How's the weather outside?

♪ It's windy, windy, windy.
How's the weather outside?
It's windy, windy, windy.
It's windy. It's windy.
It's windy,
windy, windy, windy.

ビュービュー
強い風は
「windy」

windy アイテムを出して、薬指につける。

6 5番
♪ How's the weather outside?

♪ It's snowy, snowy, snowy.
How's the weather outside?
It's snowy, snowy, snowy.
It's snowy. It's snowy.
It's snowy,
snowy, snowy, snowy.

冷たーい雪は
「snowy」

snowy アイテムを出して、小指につける。

ラスト

いろいろな天気が出てきたね。
みんなはどの天気になってほしい？
今日の外の天気はどうかな？

保育につながるワンポイントアドバイス！

どの天気が好きなのか聞き、天気に注目するきっかけにしてもいいですね。また、お当番さんに、今日の天気のアイテムを手袋につけてもらってもいいですね。

＼今日のお天気は？／　＼晴れです！／

園生活を楽しむ
製作あそびの導入に

色に注目して、お絵描きあそびや製作あそびにつなげて楽しもう♪

赤い鳥 小鳥

所要時間 3〜5分 | 型紙 p.138

いろいろな色の木の実がなっている木があるね。「ピッピッピッ……」あれ!? この声はなんの声かな?

スタンバイ

エプロンポケット

アイテムを入れておく。

赤い鳥　青い鳥　白い鳥

1　1番
♪あかいとり ことり
なぜなぜあかい

赤い鳥アイテムを出す。

なんで赤いと思う?

あついから!
なんでだろ?

2 ♪あかいみをたべた

ツンツン！パクパク。あかいみおいしいな〜。

赤い実を小鳥がつつく動きをする。

園生活を楽しむ

3 2番 ♪しろいとり ことり なぜなぜしろい

わかるかな？

白い鳥アイテムを出す。

しろいみたべたんだ！

どんなあじかなぁ？

4 ♪しろいみをたべた

白い実を小鳥がつつく動きをする。

ぼくもツンツン♪

くちばしでツンツンしてるね！

5

赤い実、白い実が出てきたね。他に何色の実があるかな？

演じ方POINT！
鳥の色だけでなく、木の実の色にも注目できるような言葉かけがあると、変化があって子どもたちも楽しむことができます。

6

3番
♪あおいとり ことり
なぜなぜあおい

青い鳥アイテムを出す。

♪あおいみを たべた

青い実を小鳥がつつく動きをする。

ラスト

みんなは何色の木の実が食べたいと思った？どんな色の木の実があったら楽しいと思う？

保育につながるワンポイントアドバイス！
「みんなは何色が好きかな？」など、子どもたちと色について話した後、「〇色のクレヨンでお絵描きしよう」「〇色の折り紙で◆◆を作ろう」などと声をかけ、製作あそびにつなげてもよいですね。

🎵 赤い鳥小鳥

作詞：北原 白秋／作曲：成田 為三

1. あかいとり ことり なぜなぜ あかい あかいみを たべた
2. しろいとり ことり なぜなぜ しろい しろいみを たべた
3. あおいとり ことり なぜなぜ あおい あおいみを たべた

園生活を楽しむ

作り方

素材 カラー手袋（茶色）　フェルト　トイクロス（緑）面ファスナー（オス）　動眼　綿　刺繍糸

1 小鳥アイテムや葉や木の実、太陽等のパーツを作る。

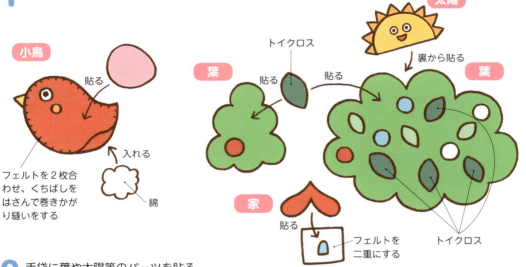

2 手袋に葉や太陽等のパーツを貼る。
小鳥アイテムの裏に面ファスナー（オス）を貼る。

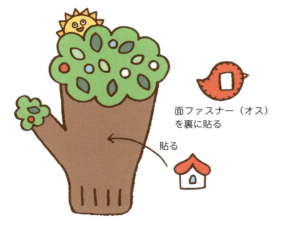

葉の接着面

青い線の範囲にグルーをつけて貼る。

園生活を楽しむ

静かな活動を行う前に

おおさわぎののねずみたち！あなぐらに入って最後は「シー」

のねずみ

低年齢児にもオススメ！

所要時間 3〜5分

型紙 p.139

「チューチューチュー！」
ねずみさんたちが
たくさんいるね。

スタンバイ

ねずみアイテムを指先につけておく。

1

1番

♪いっぴきの　のねずみが

何をするのかな？

♪あなぐらに　とびこんで

親指のねずみ
をとる。

手袋の中央部分のあなぐらにつける。

2

♪チュチュッチュチュチュチュ
　チュッチュチュッと

うたのリズムに合わせて、手袋を左右に動かす。

演じ方POINT！
「♪チュチュッチュチュチュチュ……」の部分をあなぐらに入ったねずみの数だけ増やすアレンジをして歌って演じても楽しいです。

3

♪おおさわぎ

手袋を少し前に出す。

4

2番

♪にひきの　のねずみが
　あなぐらに　とびこんで
　チュチュッチュチュチュチュ
　チュッチュチュッと
　おおさわぎ

人差し指のねずみをとり、2の動きを繰り返した後、あなぐらにつける。

園生活を楽しむ

5
3番

♪ さんびきの のねずみが
あなぐらに とびこんで
チュチュッチュチュチュチュ
チュッチュチュッと
おおさわぎ

「こんにちは」

中指のねずみをとり、
2の動きを繰り返した
後、あなぐらにつける。

6
4番

♪ よんひきの のねずみが
あなぐらに とびこんで
チュチュッチュチュチュチュ
チュッチュチュッと
おおさわぎ

薬指のねずみをとり、
2の動きを繰り返した
後、あなぐらにつける。

7
5番

♪ ごひきの のねずみが
あなぐらに とびこんで
チュチュッチュチュチュチュ
チュッチュチュッと
おおさわぎ

小指のねずみをとり、
2の動きを繰り返す。

8

「（小声で）みんな あなぐらに入って いっちゃったね。」

小指のねずみをあ
なぐらにつける。

ラスト

「おおさわぎの ねずみさんがみんな、 あなぐらに入ったから、 もう静かになったよね。 シー。」

保育につながる ワンポイントアドバイス！

「シー」として、子どもの気持ちが落ち着き、静かになった後、絵本を読んだり、おはなしをしたりといった活動につなげてもいいですね。

🎵 のねずみ

訳詞：鈴木 一郎／作詞・作曲：イギリス曲

園生活を楽しむ

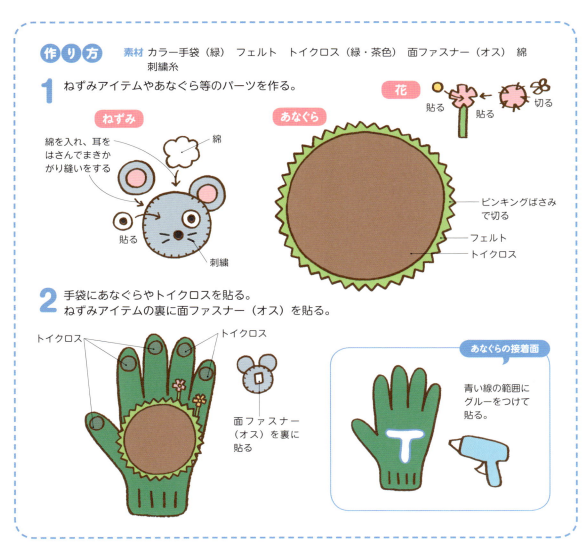

園生活を楽しむ

帰りのおあつまりや
おはなしの時間に

世界中の子どもが登場！ いろいろな国の言葉にも親しめる♪

世界中のこどもたちが

所要時間 3〜5分　型紙 p.140

今日は世界中の友達が集まってくれたよ。
住んでいる国が違うと話す言葉も違うんだよ。
いろいろな国の言葉を聞いてみようね。

スタンバイ

手袋をつけておく。

1

この子が住んでいるのは
中国という国。
「こんにちは」は
中国語で「你好(ニーハオ)」って
言うんだよ。

親指の子どもを指さす。

2

この子が住んでいるのは
フランスという国。
フランスの言葉で
「こんにちは」は
「Bonjour(ボンジュール)」だよ。

人差し指の子どもを指さす。

演じ方POINT！

「こんにちは」だけではく、「さようなら」「ありがとう」など、様々な言葉を紹介して演じてみても楽しいです。

＼ボンジュール♪／
＼どこのくにのことばかな？／

園生活を楽しむ

3

この子が住んでいるのは
アフリカというところだよ。
アフリカの言葉で
「こんにちは」は
「Jambo(ジャンボ)」だよ。

中指の子どもを指さす。

4

この子はインドという
国に住んでいるよ。
あいさつの言葉は
「नमस्ते(ナマステ)」だよ。

薬指の子どもを指さす。

5

この子が
住んでいるのは
アメリカという国。
あいさつの言葉は
「Hello(ハロー)」だよ。

小指の子どもを指さす。

🎵 世界中のこどもたちが

作詞：新沢 としひこ／作曲：中川 ひろたか

園生活を楽しむ

園生活を楽しむ

帰りのおあつまりや
おはなしの時間に

目に見えない、言葉について考えるきっかけに

フワフワ言葉とチクチク言葉

所要時間 5〜7分　型紙 p.141

今日は「言葉」についておはなしをしていくね。
みんなはいつもどんな言葉を使って
友達やお家の人と話をしているかな？

手のひら側

スタンバイ

エプロンポケット

ハートアイテムを入れておく。

手の甲側
ニコニコ顔・プンプン顔・シクシク顔アイテムをつけておく。

1

「ありがとう」や
「大好き」って
言われたら
どんな気持ちが
するかな？

だいすきって
いわれたら
うれしいね

はずかしい♡

2

「言われて心が
フワフワ～ってなって、
うれしい気持ちになるのが
「フワフワ言葉」だよ。」

フワフワアイテムを口元の近くにつける。

チクチクアイテムははずして、ポケットに入れておく。

園生活を楽しむ

3

ニコニコ顔アイテムを手袋につける。

「フワフワ言葉を言われたお友達はニコニコ笑顔になるね！」

4

フワフワアイテムは、ポケットに入れる。

ニコニコ顔アイテムは手の甲側につける。

「じゃあ、次はチクチク言葉について話していくね。」

チクチクアイテムを口元の近くにつける。

「言われて心がチクチクして、いやな気持ちになるのが「チクチク言葉」だよ。どんな言葉がチクチク言葉だと思う？」

5

プンプン顔アイテムと、シクシク顔アイテムをつける。

「ばか」「きらい」なんて言葉を言われたら悲しくて涙が出たり、怒ったりするよね。それがチクチク言葉だね。

演じ方POINT！
フワフワ言葉と同様に、チクチク言葉はどんな言葉か具体例を出して話してみるとよいでしょう。

6

言葉は言っている自分が一番近くで聞いているよね。だから友達にチクチク言葉を言ったら自分の頭の中にチクチクが入って心もチクチクするんだよ。

チクチクアイテム、プンプン顔アイテム、シクシク顔アイテムを頭の中につける。

顔をとって、頭の中を見せる。

顔はポケットに入れる。

7

6でつけていたアイテムをとり、フワフワアイテムをつける。

お友達だけじゃなく、自分の頭も心もフワフワでニコニコでしあわせな気持ちになるほうがいいね！

ニコニコ顔アイテムと、ハートアイテムをつける。

ラスト

言葉って目に見えないけど、ちゃんとあるものだったね。みんなには、お友達のことも自分のことも大切にできるような言葉をたくさん使ってほしいな。

保育につながるワンポイントアドバイス！

子どもたちと一緒に、フワフワ言葉とチクチク言葉を出し合って話したり考えたりする機会にできます。

園生活を楽しむ

作り方

素材 カラー手袋（黄） フェルト トイクロス（ピンク・黄色） 刺繍糸 面ファスナー（オス）

1 パーツやアイテムを作る。

それぞれの顔のフェルトを二重にする

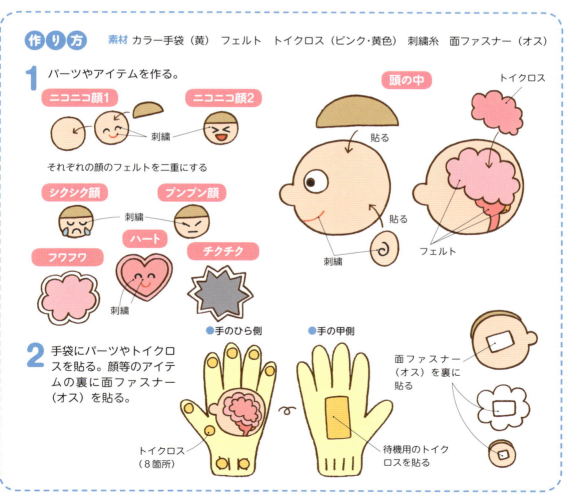

2 手袋にパーツやトイクロスを貼る。顔等のアイテムの裏に面ファスナー（オス）を貼る。

手袋シアターの作り方

主な材料・道具

カラー手袋
手袋シアターの舞台に使います。

トイクロス（マジッククロス）
アイテムをつけたりはずしたりしたい部分に貼ります。

フェルト
アイテムや土台を作ります。

面ファスナー（オス）
面どうしをつけたりはがしたりできる素材。アイテムの裏に貼ります。表面がギザギザでフック状になっているほうを面ファスナーのオスと言い、そちらを使います。

オス

ハサミ
フェルトやトイクロスなどの材料を切るときに使います。

♥amico愛用
アルスコーポレーション株式会社『ホビークラフト多用途はさみ』※問合せ先（アルスコーポレーション：0120-833-202）

ポンチ
丸いパーツがきれいに切りとれます。

丸定規
様々なサイズの丸いパーツの下書きに使います。

グルーガン
フェルトやトイクロスなどをすばやく接着します。

サークルカッター
大きな丸形がきれいに切りとれます。

消えるチャコペン
フェルトに下書きをしやすいインクタイプのチャコペンを使います。

♥amico愛用
アドガー工業株式会社『チャコエースⅡ（紫）』※問合せ先（アドガー工業株式会社：048-927-4821）

丸ゴム

リボン

ベル
鈴

動眼

強力ボンド
触角や細かいパーツを接着するときに使います。

きほんの作り方

1 巻末型紙をコピーし、フェルトを型紙に沿って切る。アイテムに合わせてフェルトを縫い合わせたり、綿をつめたりする。大きいアイテムは2枚のフェルトに接着芯をはさむと安定する。

2 縫い合わせる部分は刺繍糸や普通の手縫い糸を使い、まきかがり縫いで縫う。刺繍部分はアウトラインステッチで。
▶**アウトラインステッチ・まきかがり縫い P.112**

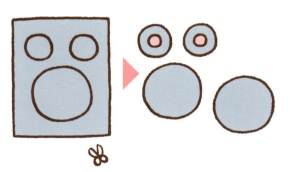

 アウトラインステッチ　 まきかがり縫い

3 アイテムができたら面ファスナーのオスをアイテムの裏に、ボンドやグルーガンで貼る。

4 手袋に必要なパーツを貼って舞台を作り、アイテムをつけたりはずしたりしたい部分にグルーガンでトイクロスをつけて完成！

\完成！/

111

きほんの縫い方

💬 ステッチを入れていきいきした表情に！

●アウトラインステッチ

目元や口まわり、文字など、
刺繍でラインを入れるときの縫い方です。

1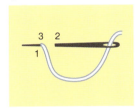
1から針を出したら、
2に刺し、3から出す。
（1と3は同じ針穴となる。）

2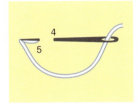
4に刺し、5から出す。
（2と5は同じ針穴となる。）

3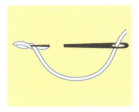
同様に繰り返す。

4
できあがり！

●まきかがり縫い

手袋につけるアイテムを作るとき、
フェルト同士を縫い合わせる縫い方です。

1
布の間に玉結びがくるように針を入れる。

2
布をとじ合わせるようにして針を斜めに入れて縫う。

3
針目の間隔が同じようになるように縫い進める。

4
縫い終わりに布の間で玉止めをしてできあがり！

伴奏コード

本書の楽譜とあわせてお使いください。

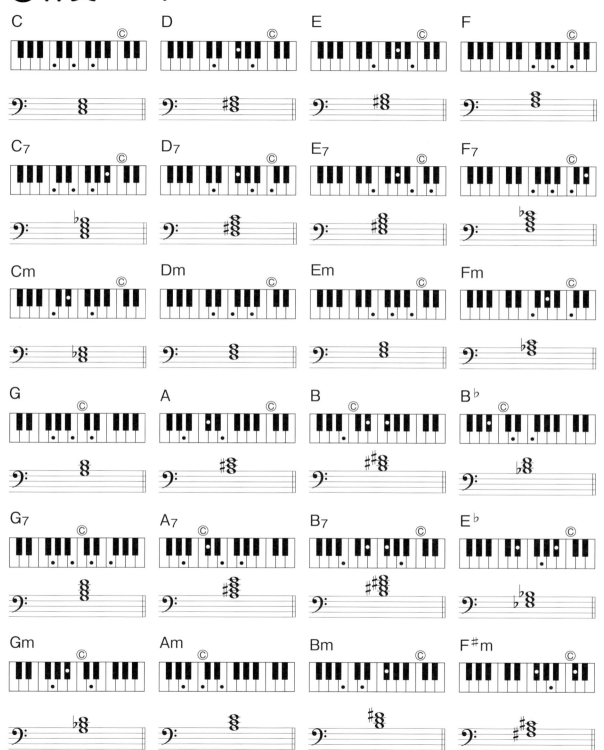

型紙

作品ページ P.8 せんせいとお友だち

※全て実寸です。そのままコピーしてお使いください。パーツを貼り重ねる部分には、適宜のりしろをとってお使いください。

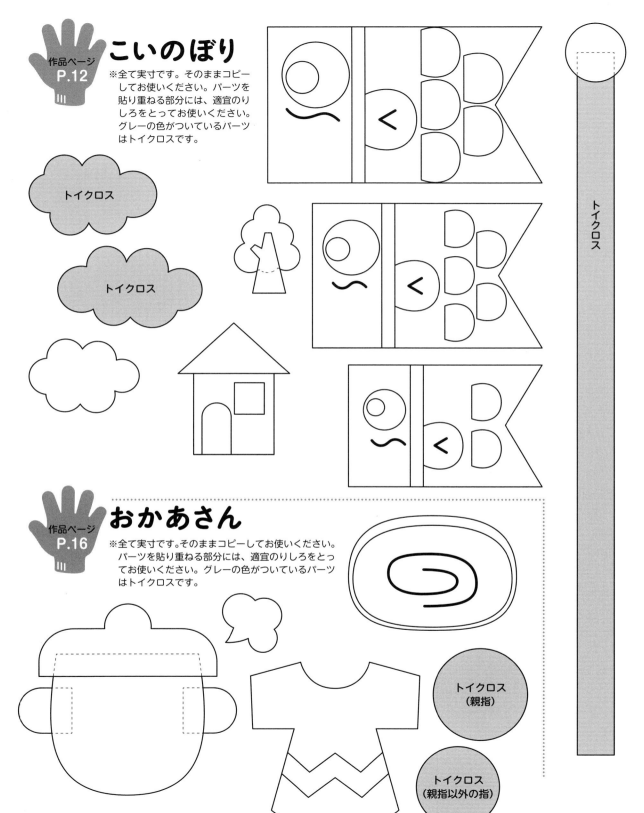

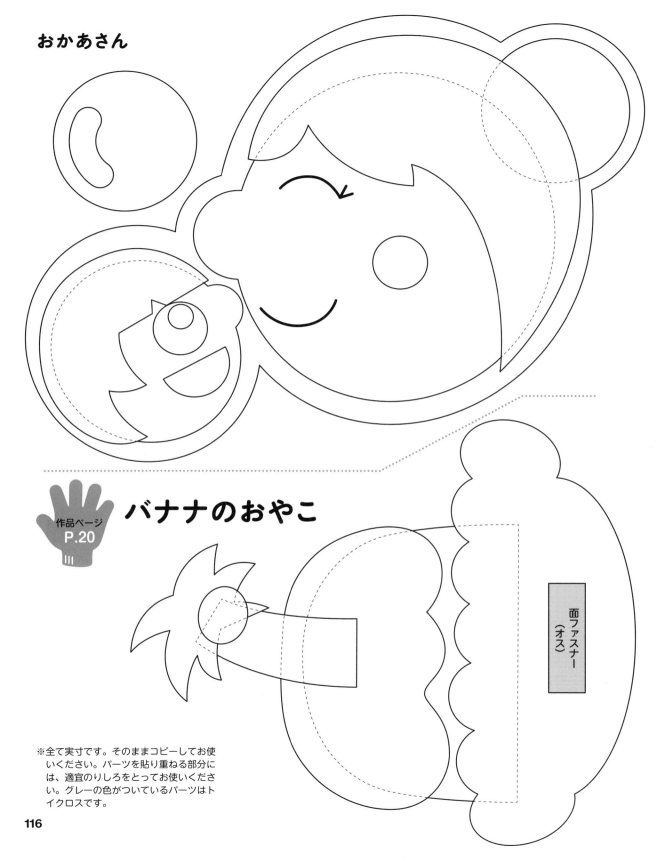

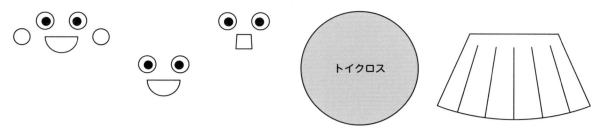

作品ページ P.24

うさぎのお月見

※全て実寸です。そのままコピーしてお使いください。パーツを貼り重ねる部分には、適宜のりしろをとってお使いください。グレーの色がついているパーツはトイクロスです。

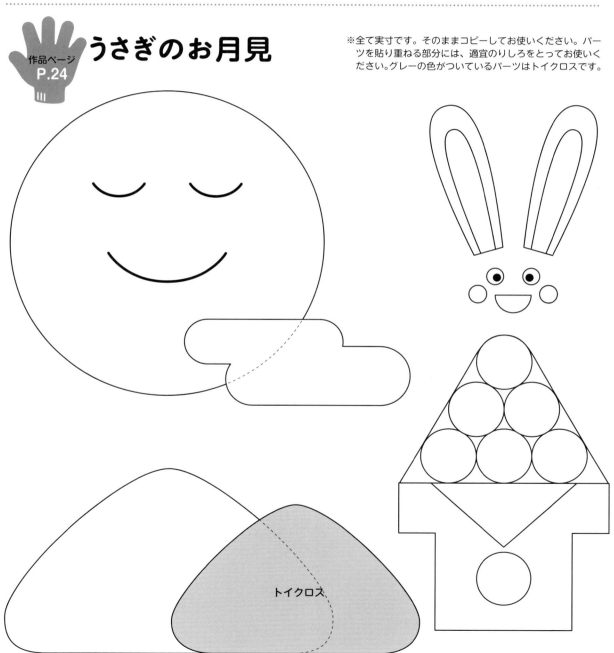

赤鼻のトナカイ

作品ページ P.32

※全て実寸です。そのままコピーしてお使いください。パーツを貼り重ねる部分には、適宜のりしろをとってお使いください。

うれしいひなまつり

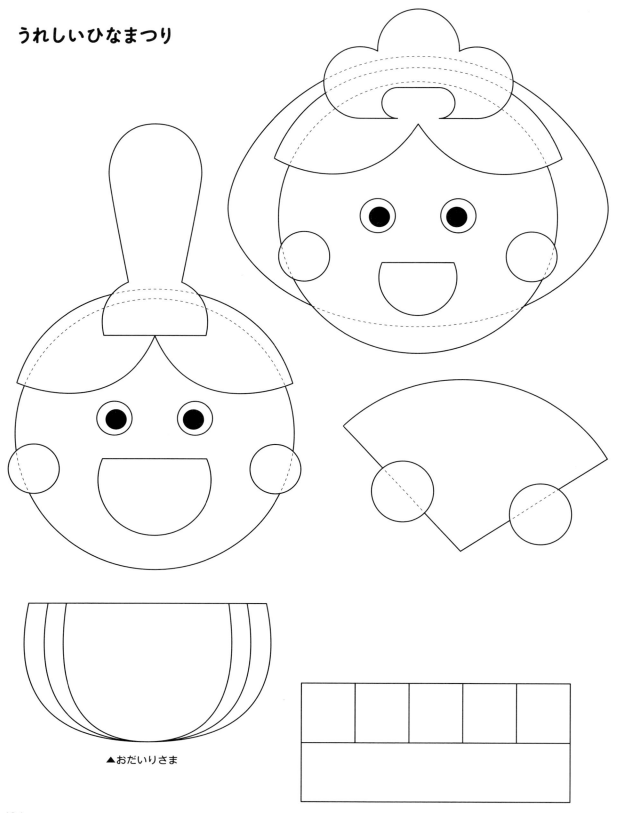

▲おだいりさま

おはながわらった

作品ページ P.50

※全て実寸です。そのままコピーしてお使いください。パーツを貼り重ねる部分には、適宜のりしろをとってお使いください。

かわいいかくれんぼ

作品ページ P.54

※全て実寸です。そのままコピーしてお使いください。パーツを貼り重ねる部分には、適宜のりしろをとってお使いください。グレーの色がついているパーツはトイクロスです。

125

作品ページ
P.58

ふしぎなポケット

※全て実寸です。そのままコピーしてお使いください。パーツを貼り重ねる部分には、適宜のりしろをとってお使いください。グレーの色がついているパーツはトイクロスです。

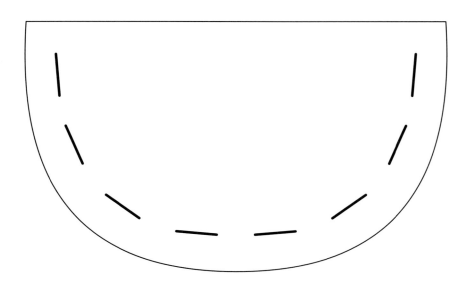

ミックスジュース

作品ページ P.62

※全て実寸です。そのままコピーしてお使いください。パーツを貼り重ねる部分には、適宜のりしろをとってお使いください。グレーの色がついているパーツはトイクロスです。

トイクロス

ぞうさんとくものす

作品ページ P.66

※全て実寸です。そのままコピーしてお使いください。パーツを貼り重ねる部分には、適宜のりしろをとってお使いください。グレーの色がついているパーツはトイクロスです。

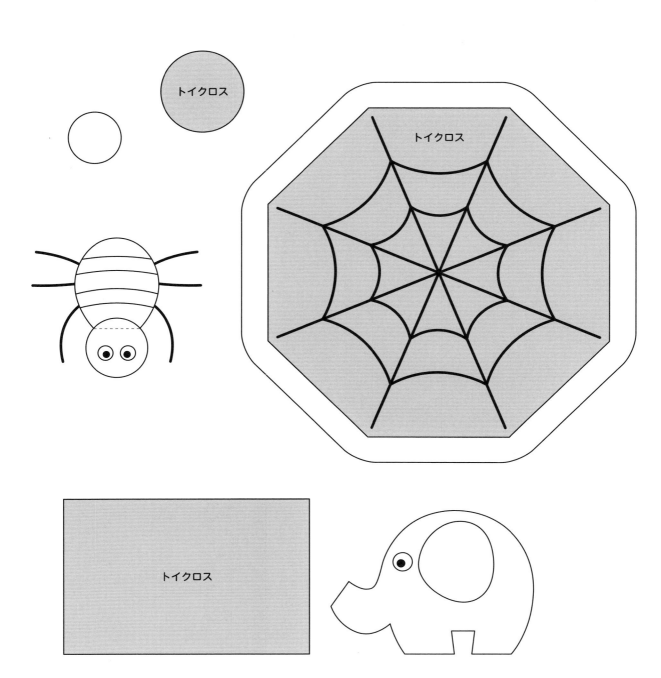

犬のおまわりさん

作品ページ P.70

※全て実寸です。そのままコピーしてお使いください。パーツを貼り重ねる部分には、適宜のりしろをとってお使いください。グレーの色がついているパーツはトイクロスです。

作品ページ P.74

山の音楽家

※全て実寸です。そのままコピーしてお使いください。パーツを貼り重ねる部分には、適宜のりしろをとってお使いください。グレーの色がついているパーツはトイクロスです。

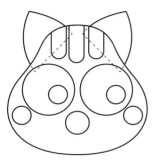
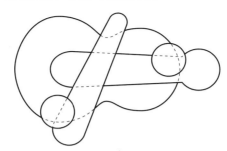
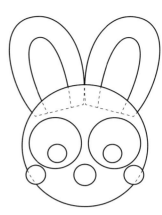

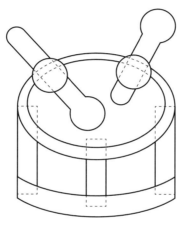
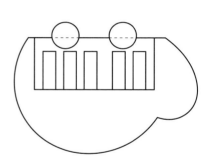

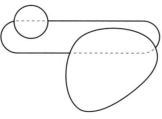
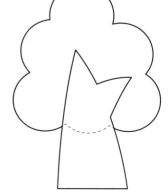

トイクロス

トイクロス
(待機用)

作品ページ P.78

ドレミのうた

※全て実寸です。そのままコピーしてお使いください。パーツを貼り重ねる部分には、適宜のりしろをとってお使いください。グレーの色がついているパーツはトイクロスです。

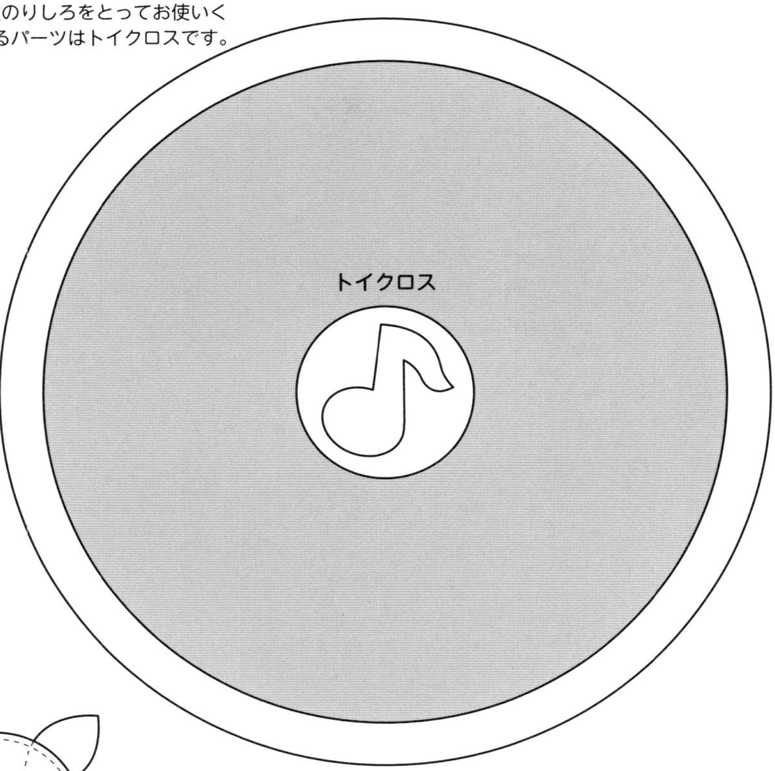

トイクロス

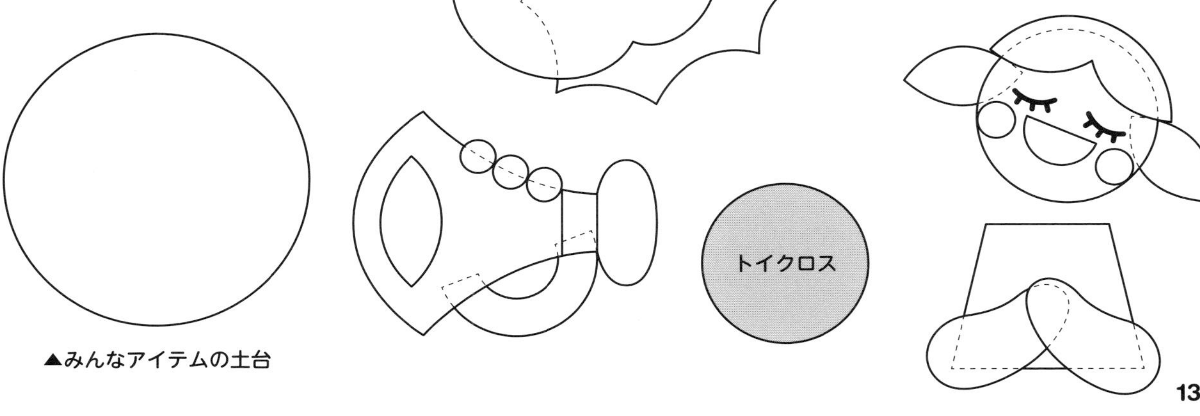

トイクロス

▲みんなアイテムの土台

133

いとまき

作品ページ P.82

※全て実寸です。そのままコピーしてお使いください。パーツを貼り重ねる部分には、適宜のりしろをとってお使いください。グレーの色がついているパーツはトイクロスです。

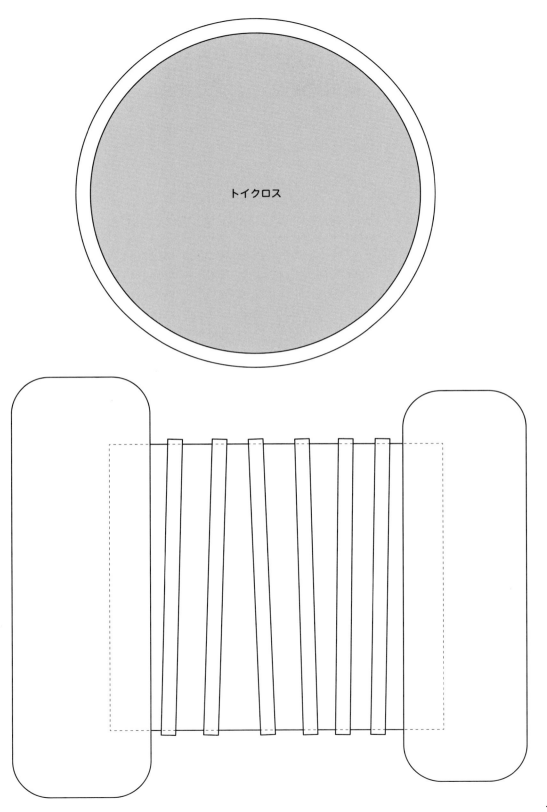

作品ページ P.90

今日の天気はなんだろう？

※全て実寸です。そのままコピーしてお使いください。パーツを貼り重ねる部分には、適宜のりしろをとってお使いください。グレーの色がついているパーツはトイクロスです。

赤い鳥 小鳥

※全て実寸です。そのままコピーしてお使いください。パーツを貼り重ねる部分には、適宜のりしろをとってお使いください。グレーの色がついているパーツはトイクロスです。

のねずみ

※全て実寸です。そのままコピーしてお使いください。パーツを貼り重ねる部分には、適宜のりしろをとってお使いください。グレーの色がついているパーツはトイクロスです。

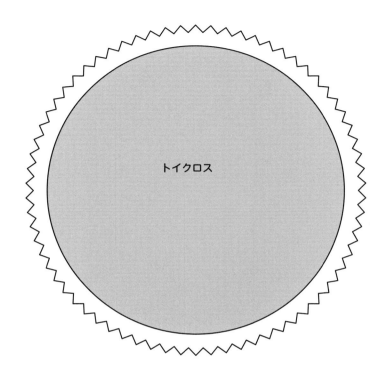

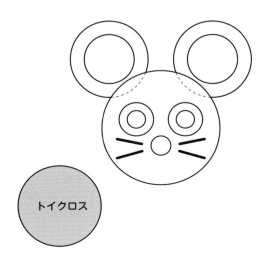

作品ページ
P.102

世界中のこどもたちが

※全て実寸です。そのままコピーしてお使いください。パーツを貼り重ねる部分には、適宜のりしろをとってお使いください。

フワフワ言葉とチクチク言葉

作品ページ P.106

※全て実寸です。そのままコピーしてお使いください。パーツを貼り重ねる部分には、適宜のりしろをとってお使いください。グレーの色がついているパーツはトイクロスです。

トイクロス
（待機用）

トイクロス

フワフワ言葉とチクチク言葉

トイクロス

142

おわりに

幼稚園教諭として母として経験したことを、ただ思うままにワクワクと製作していたことが2冊の本になり、本当にありがたく、ただただ嬉しい想いでいっぱいです♪

1冊目以降もたくさんの先生方とご縁をいただき、様々なアドバイスや案をいただけるおかげで、新しい作品もどんどん増えています。

第2弾では、私の今までの経験や、人生で学んだこと、伝えていきたいと思っている心、自分を大切にしてほしいという想いを込めて作った作品も制作し、載せていただきました！
これからはそんな作品も増やしていきたいな〜と今はいろいろな案を温めています。
また、心友がくれた言葉がきっかけで、形になった作品も今回入れさせていただきました。それは、私を変えてくれた大きな言葉が溢れて（笑）、頭から飛び出したらひとつの作品になったものです♪（詳しいエピソードはamicoのブログをのぞいてください♪）

思い返せば作品を作るきっかけは、いつもキーワードがあるように思います。
なので、ひとつひとつの作品にはとても思い入れがあるんです♪
ひとりではできなかったこと。
たくさんの経験が教えてくれたこと。
それが形となり、保育の現場で楽しんでいただけること！
人に恵まれ、支えてもらい、全ての経験と今に心から感謝しています。

保育を教えてくれた学校、働いていた幼稚園。一緒に学んだAクラスの7人会のみんな。ご縁をいただいた先生方。1冊目からご縁をいただいている素敵なイラストレーターのtaemiさん。可愛いモデルさんたち。うたを提供してくださったNUTSさん。ロゴを制作してくださったkecoさん。大好きな麻琴先生に亜弥先生、元同期の先生たち。盛大でおもしろい出版パーティをしてくれた地元の同級生たち。いつも近くで応援してくれる大好きな心友たち。全員が右腕なスタッフのKanaL、maiさん、miwakoさん、yuukoさん。私の大切な家族と両親。あいかわらず愉快な親戚たち。
そして、この度も一段と！素敵な本に仕上げてくださった大好きな編集の齋藤さんと晴日さん。本に関わってくださった皆様にいっぱいいっぱいのありがとうを込めて。

全てに感謝します！

amicoの手袋シアター　amico

●著者

amico（アミコ）

1977年3月生まれ。淡路島出身・神戸在住。
おもしろいこと楽しいことが大好き。
元幼稚園教諭の経験を生かして、スタッフたちと手袋シアターを製作販売。
たくさんの先生方の協力を経て、HP を立ち上げデザインを公開中。
『amico の手袋シアター』商標登録第5709509号

amicoの手袋シアター 検索

ますます
楽しんで
もらえたら
嬉しいです♪

● staff（オススメ作品とオススメポイント）

本文・装丁デザイン　鷹觜麻衣子　『かわいいかくれんぼ』小さな動物を、子どもたちが顔を寄せ合って見つける様子が目に浮かびます。
イラスト　taemi　『フワフワ言葉とチクチク言葉』言葉の大切さをフワリと気づかせてくれる優しい手袋に、みんな笑顔！
作り方イラスト　ささきともえ　『山の音楽家』手袋の上はお山の舞台、動物たちは音楽家……想像が膨らむ楽しい作品！
撮影　横田裕美子（STUDIO BANBAN）『バナナのおやこ』コミカルなキャラクターと早口言葉がとってもおもしろい！
モデル　加藤裕月（GURRE）『犬のおまわりさん』指の動きで変化する動物の表情が楽しい！
名倉 愛（GURRE）『うさぎのお月見』うさぎのお友達がいっぱい登場でとってもかわいい！
楽譜浄書　長尾淳子　『かわいいかくれんぼ』かわいいキャラクターが、かくれるのも、見つけるのも楽しい！
型紙　坂川由美香　『山の音楽家』それぞれの楽器を持ったたくさんの動物がかわいい！
校正　みね工房　『赤い鳥 小鳥』三色の小鳥が木の実ををついばむ様子がかわいいです。
編集・制作　株式会社童夢　『ぞうさんとくものす』びっくりの展開を手袋上で見事に演じることができる、楽しい作品です！
編集担当　齋藤友里（ナツメ出版企画）『お花にタッチ』お花の豊かな表情と動きがかわいくて、注目度抜群です！

●協力

NUTS………P.40 ～ 43『きみのなかのおに』
楽曲提供 https://nuts-music.jimdo.com/
海登くん……P.89『お花にタッチ』撮影協力

本書に関するお問い合わせは、書名・発行日・該当ページを明記の上、下記のいずれかの方法にてお送りください。電話でのお問い合わせはお受けしておりません。
・ナツメ社 web サイトの問い合わせフォーム
https://www.natsume.co.jp/contact
・FAX（03-3291-1305）
・郵送（下記、ナツメ出版企画株式会社宛て）
なお、回答までに日にちをいただく場合があります。正誤のお問い合わせ以外の書籍内容に関する解説・個別の相談は行っておりません。あらかじめご了承ください。

保育で大活躍！ もっと楽しい！　手袋シアター

2018年１月１日　初版発行
2021年10月20日　第５刷発行

著　者　amico
発行者　田村正隆

ⓒ amico, 2018

発行所　株式会社ナツメ社
東京都千代田区神田神保町1-52　ナツメ社ビル１Ｆ（〒101-0051）
電話 03-3291-1257（代表）　FAX 03-3291-5761
振替 00130-1-58661
制　作　ナツメ出版企画株式会社
東京都千代田区神田神保町1-52　ナツメ社ビル３Ｆ（〒101-0051）
電話 03-3295-3921（代表）
印刷所　図書印刷株式会社

ISBN978-4-8163-6387-0
JASRAC 出 1713412-105

〈定価はカバーに表示してあります〉
〈乱丁・落丁本はお取り替えします〉
本書の一部または全部を著作権法で定められている範囲を超え、ナツメ出版企画株式会社に無断で複写、複製、転載、データファイル化することを禁じます。

Printed in Japan

ナツメ社Webサイト
https://www.natsume.co.jp
書籍の最新情報（正誤情報を含む）はナツメ社Webサイトをご覧ください。